Harry Potter™

LE QUIDDITCH

Dans les coulisses des films Harry Potter

Par Jody Revenson

GALLIMARD JEUNESSE

INTRODUCTION

***« Les Cognards sont lancés... suivis par le Vif d'or !
Je vous rappelle que le Vif d'or représente 150 points.
L'attrapeur qui saisit le Vif d'or met fin au match.
Le Souafle est libéré et le match commence ! »***

Lee Jordan – *Harry Potter à l'école des sorciers*

Le Quidditch est un sport de sorcier qui se joue sur des balais. L'objectif est de marquer le plus de points possible en envoyant le Souafle dans l'un des trois cercles adverses (10 points) ou en attrapant le Vif d'or (150 points et fin du match). Les équipes comportent sept joueurs : trois poursuiveurs, qui tentent de marquer des buts avec le Souafle ; deux batteurs, qui dévient les Cognards vers leurs adversaires pour éviter qu'ils ne touchent leurs coéquipiers ; un gardien, qui protège les cercles ; et un attrapeur, dont la mission est d'attraper le Vif d'or.

UN JEU COMPLEXE

Chris Columbus, le réalisateur de *Harry Potter à l'école des sorciers*, voulait donner un aspect réaliste au Quidditch, mais il reconnaît qu'il lui a fallu du temps pour comprendre le jeu. Il a fini par interroger l'auteur : « J.K. Rowling m'a fourni un schéma, expliquant les règles du Quidditch. » Le scénariste du premier film, Steve Kloves, a, lui aussi, eu besoin d'aide : « Elle m'a mis sur la voie en disant qu'elle aimait le basket américain. Ça m'a aidé à comprendre l'histoire des anneaux et du Souafle ! »

PREMIER ENVOL

« Bonjour et bienvenue à ce premier match de Quidditch de la saison, qui va voir s'affronter Serpentard et Gryffondor ! »

Lee Jordan – *Harry Potter à l'école des sorciers*

La première leçon de balai de Harry et de ses camarades, dans *Harry Potter à l'école des sorciers*, a été tournée au château d'Alnwick. Les jeunes acteurs ont pris place sur des balais montés sur des socles, lesquels étaient suspendus à des grues. Ces grues étaient installées sur des petits camions qui, en se déplaçant, donnaient l'impression que les enfants volaient. Le premier personnage à s'être ainsi envolé est Neville Londubat, joué par l'acteur Matthew Lewis. « C'était vraiment bizarre de venir travailler, se souvient-il, et d'être assis sur un balai suspendu dans les airs ! Mais c'était aussi très cool. » Matthew a un point faible : il a le vertige ! Néanmoins, il savait qu'il lui fallait surmonter sa peur. Au final, il a adoré ces cascades dans les airs !

BALAIS HIGH-TECH

« C'est pas n'importe quel balai, Harry. C'est un Nimbus 2000 ! »

Ron Weasley – *Harry Potter à l'école des sorciers*

Les accessoiristes ont fabriqué divers balais, de plus en plus rapides et performants, en fonction des nouveautés qui tous les ans apparaissaient dans la vitrine du Magasin d'Accessoires de Quidditch du Chemin de Traverse. Pour que les balais soient à la fois solides et légers, ils les ont dotés d'un cœur en titane, un matériau utilisé dans l'aéronautique, qu'ils ont recouvert d'acajou, puis ils ont ajouté aux extrémités des branches de bouleau. Les meilleurs balais se reconnaissent à leur tête fine, comme le Nimbus 2001 que le père de Drago Malefoy offre à l'équipe de Serpentard.

Éclair de feu

Nimbus 2000

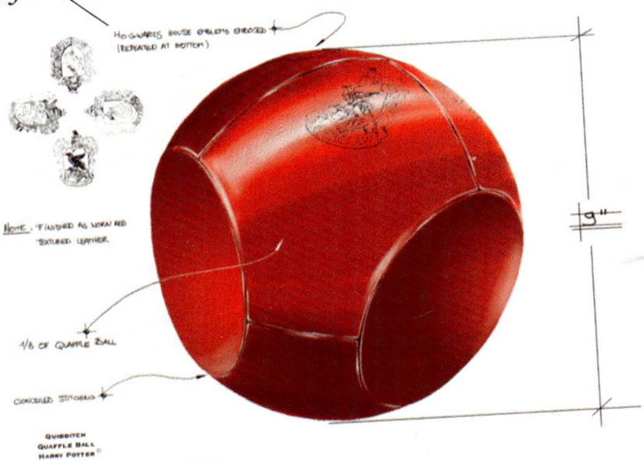

SOUAFLES ET COGNARDS

Le Souafle a été fabriqué en mousse recouverte de cuir rouge. Il est estampillé de chaque côté du blason de Poudlard même si, bien sûr, celui-ci s'est un peu effacé avec le temps ! Au total, quatre Souafles ont été réalisés pour le premier film. Les Cognards étant supposés très lourds, des protections spéciales ont été créées pour couvrir les bras des joueurs, du poignet jusqu'à l'épaule.

LE VIF D'OR

«Mais toi, tu es un attrapeur. La seule balle dont tu dois te soucier est celle-ci… le Vif d'or. Tu dois l'attraper, avant l'attrapeur adverse. Si tu l'attrapes, le match est fini. Si tu l'attrapes, Potter, on gagne!»

Olivier Dubois – *Harry Potter à l'école des sorciers*

Dans les films, le Vif d'or est une balle en plaqué or de la taille d'une noix. Il a été conçu avec de fines ailes mécaniques rétractables, parfaitement opérationnelles, qui ressemblent à des voiles. Diverses idées avaient été explorées, comme des ailes de papillon ou des espèces de nageoires. Le Vif d'or vole grâce à l'équipe des effets spéciaux, laquelle a poussé l'illusion jusqu'à en reproduire le reflet sur les lunettes de Harry !

BZZZ

Ssssseunk

DES BALLES EXPRESSIVES

Il a fallu donner à chaque balle un son bien spécifique. La plus grande, le Souafle, produit un grand *Ssssseunk* quand elle est saisie ou frappée par un joueur. Les designers sonores ont décidé que les Cognards étant de « vraies petites saletés », comme le dit Olivier Dubois, le capitaine de Gryffondor, ils devaient faire le bruit d'un animal en colère. Quant au Vif d'or, plus petit et élégant, il émet un son de colibri.

GRRRR!

ZIP

BZZZ

ZIP

FLAP

DU HAUT VOL

Les acteurs volaient-ils vraiment haut ? Dans le premier film, Daniel Radcliffe estime qu'ils étaient suspendus à 2,50 mètres, voire 3 mètres du sol. Dans les derniers films, les acteurs, plus âgés, ont été soulevés deux fois plus haut. Après avoir enfilé un harnais, ils s'asseyaient sur une selle de vélo fixée à leur balai (cachée par leur cape !), à laquelle on les attachait pour qu'ils ne puissent pas tomber. Ensuite, seulement, on les hissait dans les airs !

BIEN TENU

Lors du premier match de Harry, dans *Harry Potter à l'école des sorciers*, son balai est ensorcelé, et le jeune garçon manque s'écraser au sol. Pour cette cascade, Daniel Radcliffe a dû se suspendre à un balai à 6,50 mètres du sol. « J'étais accroché au balai, explique l'acteur, avec un énorme matelas en dessous de moi, et ils faisaient bouger le balai. C'était génial ! »

COSTUMES SUR MESURE

Pour le premier film, la costumière Judianna Makovsky et le réalisateur Chris Columbus ont d'abord pensé choisir comme uniforme de Quidditch la tenue que porte Harry sur la couverture de la version américaine du roman, illustrée par Mary GrandPré. Après quelques essais, ils ont finalement décidé d'imaginer leurs propres costumes.

LES UNIFORMES

Pour les costumes des films *Harry Potter à l'école des sorciers* et *Harry Potter et la Chambre des Secrets*, Judianna Makovsky a suivi une ligne « magico-scolaire ». « Le style tient à la fois de l'uniforme anglais et de l'invention », explique-t-elle. Les joueurs de Quidditch arborent les couleurs de leur maison – un pull ras-du-cou et, par-dessus, une version spéciale à lacets des robes de l'école. L'ambiance des films étant de plus en plus sombre et les matchs de Quidditch de plus en plus violents, les uniformes ont été redessinés pour paraître plus modernes.

LE TERRAIN DE QUIDDITCH

« Bien qu'on parle de terrain de Quidditch, les matchs ne se déroulent pas sur le terrain mais dans les airs », explique Stuart Craig, le chef décorateur des films *Harry Potter*. Et il s'est rendu compte qu'entourer celui-ci de tours était le meilleur moyen de plonger le spectateur dans l'action. Bien qu'elle soit décorée aux couleurs des quatre maisons de Poudlard, l'arène évoque par sa forme les tournois médiévaux, une époque suggérée par l'âge du château.

« Le terrain de Quidditch était si immense qu'il ne pouvait tenir sur aucun plateau du studio, souligne Stuart. Et comme il aurait été très cher et peu pratique de le construire en Écosse, on l'a entièrement réalisé en images de synthèse. » Certaines parties du stade (tribune basse, sommet d'une tour) ont néanmoins été fabriquées pour les besoins du tournage.

SECRETS DE TOURNAGE

Quand James et Oliver Phelps (les interprètes des jumeaux Weasley) ont joué leurs séquences de Quidditch dans *Harry Potter à l'école des sorciers*, on leur a demandé de ne pas dévoiler les secrets de tournage du célèbre sport magique. Du coup, ils racontaient qu'on les avait filmés sautant en parachute à califourchon sur leur balai ou suspendus à une corde derrière un avion !

QUESTION DE CONFORT

Afin d'améliorer le confort du vol en balai sur le tournage de *Harry Potter et le Prisonnier d'Azkaban*, les pantalons de Quidditch ont été rembourrés à l'arrière. Des pédales, cachées par la cape des joueurs, étaient fixées aux balais ainsi que des selles de vélo spécialement moulées et adaptées à leur morphologie. Pour réaliser le moulage de leurs fesses, chaque acteur s'est assis sur sa monture en position de vol. Tous les utilisateurs de balais volants avaient donc non seulement leur propre équipement, mais également une selle sur mesure.

POUR DEUX SECONDES DE MATCH

Toutes les actions des matchs de Quidditch ont été soigneusement préparées avant d'être filmées. Les cascadeurs, dirigés par Greg Powell, testaient dans un premier temps chaque geste pour vérifier l'absence de danger. Le sol du plateau était recouvert de matelas de protection, et les acteurs solidement attachés à leurs balais. Une fois les actions testées par les cascadeurs, l'équipe des effets spéciaux en faisait une version animée. Cette étape dite de « prévisualisation » permet de déterminer tous les éléments qui devront être combinés dans la scène : les tours du stade, les Cognards, le Souafle, le Vif d'or, l'arrière-plan... Tous les mouvements des joueurs étaient listés, puis filmés un par un. Ce processus est incroyablement long : un plan impliquant dix joueurs pouvait exiger une semaine de tournage avant même que les animateurs puissent seulement envisager de commencer leur travail... Et tout cela pour deux secondes seulement à l'écran !

VOLER POUR DE FAUX

Les matchs de Quidditch ont été tournés en studio, devant un fond bleu. Chaque acteur, suspendu dans les airs sur son balai, jouait son rôle pendant qu'une caméra enregistrait sa prestation. Ensuite, les responsables des effets spéciaux remplaçaient le fond bleu par des images de synthèse représentant le terrain de Quidditch ou les montagnes écossaises, et « composaient » la scène en y intégrant les différents comédiens.

SIMULATION DE VOL

Un autre trucage a été utilisé pour faire voler les joueurs de Quidditch : au lieu d'être suspendus à des câbles, les comédiens montaient sur un grand bras articulé enveloppé d'un matériau vert et installé devant un fond vert, lui aussi. Le bras était contrôlé par un ordinateur programmé pour reproduire les mouvements du vol (prise ou perte de hauteur, virages). Les acteurs étant fermement attachés, ils ne pouvaient pas tomber, même si leur balai se retournait ! La caméra était, quant à elle, programmée pour « voler » autour des acteurs pendant leur prestation.

TENUES DE CHOC

Pour *Harry Potter et le Prisonnier d'Azkaban*, des tenues spéciales ont été créées pour jouer au Quidditch par mauvais temps. Outre les lunettes de protection, la costumière Jany Temime a fabriqué des tenues en nylon étanche. Elle y a ajouté des rayures ainsi que des noms et numéros dans le dos, comme sur les maillots de sport moldus !

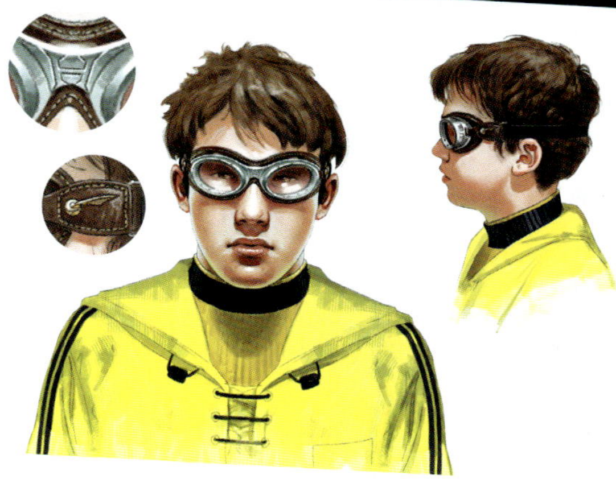

L'ATTRAPEUR BULGARE

Viktor Krum, étudiant à l'institut Durmstrang et attrapeur de l'équipe nationale bulgare, participe à la 422e Coupe du Monde de Quidditch avec un balai spécialement conçu pour lui : aérodynamique, aplati sur le dessus, et peint d'une couleur différente en haut et en bas. Malheureusement, ce balai est en grande partie recouvert par la cape de Krum quand il survole le stade !

DE MIEUX EN MIEUX

D'un film à l'autre, les progrès technologiques ont rendu possibles des cascades de plus en plus folles. Un système de grille fixé au plafond a permis de générer des mouvements horizontaux, verticaux et en biais, et donc de filmer les joueurs de façon plus naturelle. Et les doubles numériques des acteurs ont rendu possible des cascades plus sûres et moins limitées par les capacités du dispositif mécanique !

DOUBLE JEU

« Avec un ordinateur, on peut absolument tout faire, explique Tim Burke, le responsable des effets spéciaux. Les actions du match impossibles à reproduire par les acteurs ont été réalisées par leurs doubles numériques. » Pour générer ces sosies, les créateurs d'effets spéciaux ont utilisé une technique informatique appelée « vidéogrammétrie ». Première étape : le comédien s'assied sur une chaise avec quatre caméras pointées vers lui – deux à l'avant (une orientée vers le haut, l'autre vers le bas) et une de chaque côté. Soixante-huit marqueurs sont disposés sur son visage, qui permettent l'enregistrement de la texture de sa peau et de la forme de ses traits. Puis les magiciens de l'image combinent toutes ces informations pour créer un sosie parfois si réaliste qu'ils ne savent plus s'ils regardent le véritable acteur ou sa version numérique. Dans les derniers films, les progrès technologiques ont rendu les matchs de Quidditch plus palpitants que jamais. Dans *Harry Potter et le Prince de Sang-Mêlé*, les capes des joueurs ont été ajoutées à l'ordinateur en postproduction, c'est-à-dire après le tournage. Elles ont été conçues de manière à claquer dans le vent et flotter derrière les joueurs afin de renforcer l'impression de vitesse !

QUIDDITCH MINIATURE

Dans une scène finalement coupée de *Harry Potter et le Prisonnier d'Azkaban*, Fred et George Weasley jouent à un jeu de société, Snitch Snatcher ! (« L'attrapeur attrapé ! »), conçu par les graphistes Miraphora Mina et Eduardo Lima. Le jeu contient une version miniature du terrain de Quidditch de Poudlard, des joueurs sur leurs balais volants et même des tribunes aux couleurs des quatre maisons de l'école !

DES TENUES PLUS SIMPLES

« Et rappelez-vous : avoir été dans l'équipe l'année dernière ne vous assure pas un poste cette année, c'est clair ? »

Harry Potter – *Harry Potter et le Prince de Sang-Mêlé*

Harry Potter et le Prince de Sang-Mêlé tournant autour des épreuves de sélection et des entraînements, les costumiers ont conçu une tenue plus simple et plus légère. Les numéros inscrits sur les tenues indiquent le poste du joueur : batteur, attrapeur ou gardien. Lors des sélections, les élèves portent le numéro du poste auquel ils aspirent.

QUIDDITCH DE LUXE

Ce n'est que lorsque Ron commence le Quidditch, dans *Harry Potter et le Prince de Sang-Mêlé*, que l'on découvre à l'écran les entraînements des Gryffondor. Stuart Craig, le chef décorateur, a dû modifier l'apparence du stade : « Pour les sélections et l'entraînement, nous n'avons pas mis les tentures colorées, juste du bois. » Pour les matchs, Stuart a revu le décor. Il a rapproché les montagnes à l'arrière-plan, surélevé et multiplié les tours qui sont devenues par conséquent plus proches les unes des autres. « Ajouter des tours, explique-t-il, a permis de faire zigzaguer les joueurs autour, et de faire siffler à leur passage les oreilles des spectateurs, ce qui donne une plus grande impression de vitesse. C'est ce que j'appelle du Quidditch grand luxe ! »

UNE QUESTION DE TAILLE

***« – Gardien ? Un gros balèze comme toi ?
Tu es plus taillé pour être batteur, non ?
Un gardien doit être rapide, agile.
– Alors j'ai de bonnes chances. »***

Ron Weasley et Cormac McLaggen
– *Harry Potter et le Prince de Sang-Mêlé*

Dans *Harry Potter et le Prince de Sang-Mêlé*, deux élèves convoitent le poste d'attrapeur de Gryffondor : Ron Weasley (Rupert Grint) et Cormac McLaggen (Freddie Stroma). Bien qu'ils fassent à peu près la même taille, les cinéastes souhaitaient que le rival de Ron ait l'air plus grand. Ses protections d'épaules ont donc été élargies et des pans rajoutés à l'avant et à l'arrière de sa tenue pour le faire paraître plus costaud. Le casque et les protections de Ron ont été conçus trop petits pour lui, et le cuir a été frotté au papier de verre, donnant l'impression, une fois de plus, qu'il a hérité de la tenue de ses frères !

FEU SUR RON !

Pour les épreuves de sélection que passe Ron Weasley dans *Harry Potter et le Prince de Sang-Mêlé*, le réalisateur, David Yates, souhaitait que l'acteur Rupert Grint ait dans un premier temps l'air franchement peu doué. « Nous avons filmé Rupert sous différents angles, explique Stephen Woolfenden, le responsable de cette scène, en envoyant par exemple vingt Souafles dans sa direction. Ses réflexes face à tous ces projectiles ont suscité des réactions vraiment amusantes, et ce côté improvisé l'a aidé à donner l'impression qu'il ne contrôlait vraiment rien. »

TENUES DE FANS

Dans *Harry Potter et le Prince de Sang-Mêlé*, des tenues de supporters ont été créées pour les élèves venus encourager leur équipe. Les tee-shirts et sweats à capuche (marqués « Poudlard » au dos, avec le blason de l'école sur le devant), fabriqués dans les couleurs des quatre maisons, se portent avec des pantalons gris (pour les supporters de Gryffondor) ou des pantalons noirs (pour ceux de Serpentard). Luna Lovegood, évidemment, a une façon bien à elle de soutenir les Gryffondor. Plusieurs versions de son chapeau orné d'un lion ont été imaginées avant que les réalisateurs fassent un choix !

MATCH EN L'AIR

Pour *Harry Potter et le Prince de Sang-Mêlé*, l'équipe des effets spéciaux voulait donner l'impression que le match de Quidditch était filmé comme un sport moldu, avec des angles de vue qui changent sans cesse… et même un cameraman volant ! Pour renforcer cette illusion, la neige qui tombe pendant le match vient s'écraser sur l'objectif de la caméra.

UN SPORT RUDE

« – C'est un jeu dur, le Quidditch.
– Brutal. Mais personne n'est mort depuis des lustres ! »

Fred et Georges Weasley – *Harry Potter à l'école des sorciers*

Les cascadeurs ont expérimenté divers mouvements pour donner un aspect comique à la séquence des épreuves de sélection. Leurs collisions, chutes et autres acrobaties ont servi de références aux acteurs et à leurs doubles numériques. Une journée entière a été consacrée à faire jouer les cascadeurs et cascadeuses sur un terrain de Quidditch plein de boue. Les jeunes gens ont adoré, le service des costumes beaucoup moins : ils ont dû nettoyer toutes les tenues !

UNE NOUVELLE POURSUIVEUSE

Dans *Harry Potter et le Prince de Sang-Mêlé*, Ginny Weasley a enfin l'occasion de faire ses preuves au Quidditch. C'était la première fois que la comédienne Bonnie Wright réalisait des cascades sur un balai : « On jouait entre 3 et 6 mètres de hauteur, explique-t-elle, ce n'est pas aussi haut qu'un vrai match de Quidditch mais c'était assez difficile. Ils nous faisaient tournoyer, foncer et nous renverser. C'était très drôle ! »

UN JEU PHYSIQUE

« C'est assez difficile, le Quidditch, confie Rupert Grint (Ron Weasley). J'étais surpris que ça soit aussi physique. On a dû beaucoup s'entraîner sur des trampolines – des saltos, tout ça, ça faisait plutôt peur. » Son camarade Daniel Radcliffe salue néanmoins sa performance : « Les scènes de Ron sur son balai sont absolument géniales ! »

« Weasley ! Weasley ! Weasley ! »

Le public du Quidditch – *Harry Potter et le Prince de Sang-Mêlé*

PERSONNALISE LE VIF D'OR

Les maquettes des Kits collector sont entièrement personnalisables. Conçues en bois non traité, elles peuvent être décorées avec de la peinture, des feutres, des crayons, des perles, des paillettes – tout ce qui te plaira ! Avant de te lancer dans le montage et la décoration de ta maquette, lis attentivement les instructions pour savoir comment assembler toutes les pièces. Puis réfléchis à ce que tu veux vraiment : préfères-tu construire une réplique exacte du Vif d'or ou créer un modèle différent ? Et si tu décorais ton Vif d'or aux couleurs de ta maison de Poudlard préférée ? À toi de décider ! Voici un exemple pour te donner des idées.

AVANT DE TE LANCER

* En règle générale, on colorie au feutre ou au crayon *avant* d'assembler la maquette. La peinture s'applique *après*.
* Quand on reproduit un objet, il est toujours utile d'étudier d'abord sa photo. Regarde bien tous les détails et cherche à les reproduire.

POUR PEINDRE LE VIF D'OR

1 Pour un Vif d'or classique, prends une peinture acrylique dorée. Vérifie qu'elle brille bien ! Après l'étape 11 décrite dans la notice, peins la sphère avec un pinceau plat et large. Étale la peinture en couches fines et homogènes de façon à ne pas cacher les détails de la balle. N'oublie pas de peindre autour des trous de fixation des ailes et du socle !

2 Pendant que la sphère sèche, peins les ailes. Là encore, il vaut mieux appliquer de fines couches pour laisser les sillons apparaître. Ne peins pas les languettes.

3 Pendant que les ailes et la sphère centrale sèchent, passe aux étapes de montage 14 et 15.

L'ASTUCE : ASSEMBLE TON VIF D'OR AVANT DE LE PEINDRE.

4 Une fois le socle assemblé – mais pas encore fixé au Vif d'or – décore-le. Ici, on utilise une couleur neutre pour faire ressortir la couleur dorée de la balle. Comme pour les ailes, ne peins pas la petite languette.

5 Termine le montage avec les étapes 12 à 13, puis 16. Ça y est ! Ton Vif d'or est terminé !

Conçu sous la marque IncrediBuilds™, une marque de Insight Editions LP, PO Box 3088, San Rafael, CA 94912, États-Unis, www.insighteditions.com

Édition originale publiée en 2016 par Insight Editions, San Rafael, Californie, États-Unis, sous le titre *Quidditch*

POUR L'ÉDITION ORIGINALE
Direction éditoriale : Raoul Goff
Direction artistique : Chrissy Kwasnik
Conception : Ashley Quackenbush
Édition : Vanessa Lopez
Coordination éditoriale : Greg Solano
Assistant de production : Jacob Frink
Fabrication : Elaine Ou, Anna Wan

Insight Editions souhaite remercier Victoria Selover, Melanie Swartz, Elaine Piechowski, Ashley Bol, Margo Guffin, George Valdiviez, Kevin Morris et Victoria Selover.

ROOTS of PEACE REPLANTED PAPER
Pour chaque arbre utilisé dans la fabrication de cet ouvrage, Insight Editions, en partenariat avec Roots of Peace, en replantera deux. Roots of Peace est une association humanitaire de renommée internationale : elle se consacre à l'éradication des mines et reconvertit des zones dévastées par la guerre en fermes ou en habitats pour la faune sauvage. En plus de planter deux millions d'arbres fruitiers et d'arbres à noix en Afghanistan, Roots of Peace fournira aux fermiers locaux les compétences et le soutien nécessaires à l'exploitation durable de leurs terres.

Réalisation de l'édition française : Agence Juliette Blanchot, Paris
Traduction : Marie Renier
Suivi de traduction : Sylvie Gauthier
Relecture : Catherine de Sairigné-Bon
Adaptation de couverture : Guillaume Arduré

ISBN : 978-2-07-507621-0

Gallimard Jeunesse, 2016

Dépôt légal : octobre 2016
N° d'édition : 307629
Loi n° 49-956 du 16 juillet 1949 sur les publications destinées à la jeunesse

Fabriqué et imprimé en Chine